Arthur Ernest Wilder Smith

Warum läßt Gott es zu?

Hänssler-Verlag
Neuhausen-Stuttgart

Bildnachweis Seite

CIP-Kurztitelaufnahme der Deutschen Bibliothek

Wilder Smith, Arthur E.:
Warum läßt Gott es zu? / Arthur Ernest Wilder Smith. –
3. Taschenbuchaufl., 379. – 430. Tsd. –
Neuhausen (Stuttgart): Hänssler, 1979. –
(TELOS-Bücher; 706: TELOS-Sondertaschenbuch)
ISBN 3-7751-0115-2

1. Taschenbuchauflage 176. bis 328. Tausend
2. Taschenbuchauflage 329. bis 378. Tausend
3. Taschenbuchauflage 379. bis 430. Tausend

ISBN 3 7751 0115-2

TELOS-Sondertaschenbuch S 706

Umschlaggestaltung von Daniel Dolmetsch
Gesamtherstellung: Ebner Ulm

1. Einleitung

»Es ist mir wirklich ein Rätsel«, sagte der Professor zu einem Kollegen, »wie sonst so verständige Leute dazu kommen zu sagen, sie glaubten an einen guten, allwissenden, freundlichen und allmächtigen Gott, den sie eine Person nennen. Das geht wirklich über meinen Verstand! Denn diese Leute – und es scheint nicht wenige von ihnen zu geben – scheinen fest von ihren Ansichten überzeugt zu sein und bilden sich auf irgendeine Weise sogar ein, daß sie eine persönliche Beziehung zu diesem ihrem Gott besitzen. Bis zu einem gewissen Grade kann ich ihr Gerede von ihrem Glauben an diesen Gott verstehen, wenn sie etwa einen schönen Sonnenaufgang im Gebirge sehen oder eine Orchidee in voller Blüte *oder selbst gesunde junge Männer und Frauen.* Aber sie müssen sehr beschränkt sein, wenn sie nicht die andere Seite des Bildes sehen, die all diesem widerspricht. Was ist denn zu der Katze zu sagen, die die Maus beschleicht und mit ihr spielt, sie dann langsam zu Tode quält und schließlich auffrißt? Ist das nett und freundlich? Was sagen wir zu der jungen Mutter, die an Krebs zugrundegeht, deren Leib schon nach Verwesung riecht, bevor er in den Sarg gelegt wird? Ist das denn schön, ist das ein Wink und Zeichen der großen Weisheit und Freundlichkeit ihres Gottes, der alles so erschaffen hat? Und der Todeskampf des Vaters, und die zurückgelassenen Kinder? Plant ihr Gott all dies ebensogut wie die Sonnenaufgänge? Wenn er alles geschaffen hat und allmächtig ist, muß er es so geplant haben. Wenn das so ist, kann er dann auf irgendeine sinnvolle Art gut genannt werden? Und was sagen wir zu den Greueltaten des Krieges, besonders des modernen Krieges? Man denke nur an die vergasten oder auf andere scheußliche Weise umgebrachten Menschen in den Konzentrationslagern, von denen viele zu seinem auserwählten Volk gehörten! Warum ließ ein guter, liebender, allmächtiger Gott solche Greuel zu? Selbst sonst gottlose Menschen hätten ihnen sofort Einhalt geboten, wenn sie die Macht dazu gehabt hätten. Aber ihr Gott ließ dies jahrelang geschehen.«

»Schau in ein anderes Gebiet, nur für einen Augenblick«, fuhr der Professor fort, »und sage mir, was du über die raffinierten Quälereien denkst, die wir rings um uns her in der Natur sehen. Nimm zum Beispiel den Vorgang der Malariaübertragung; dieser führt uns Anzeichen eines sorgfältig durchdachten Planes vor Augen,

der nur darauf gerichtet ist, das Wirtstier zu quälen und zu plagen. Für mich sieht das Ganze aus wie ein merkwürdiges Planen sowohl des Guten als auch des Schlechten für das Menschengeschlecht. Nein, dieses religiöse Zeug kann ich nicht glauben! *Meine Vernunft und mein gesunder Menschenverstand können dies eben nicht verkraften.* Soweit ich es erkenne, sieht es so aus, als ob ein Gott oder Schöpfer, falls er existiert, zu gleicher Zeit gut und böse wäre, was doch natürlich vom Standpunkt des menschlichen Denkens aus Unsinn, Nihilismus ist. Ein allmächtiger und guter Gott dürfte nicht gleichzeitig so viele Beweise einer anscheinend durchdachten, geplanten Güte im Universum und so viele Zeichen einer berechneten, kalten Bosheit zeigen. Dies führt zu glattem, intellektuellem Nihilismus! Können wir erwarten, daß irgend jemand auch nur versuchen könnte, sich solch ein höheres Wesen vorzustellen – außerordentlich weise und gut, und doch gleichzeitig furchtbar rachsüchtig und böse, ein Wesen, das alle möglichen Arten von Plagen und Quälereien für Mensch und Tier ausdenkt? Das ist doch geradezu sinnlos! Und der alte Kunstkniff, einen Teufel anzunehmen, um dieser Schwierigkeit Herr zu werden, und ihn als Quelle alles Übels hinzustellen, wird natürlich auch nicht genügen. Wenn Gott allmächtig und gut wäre, würde er den sogenannten Teufel sofort ausschalten, und er käme überhaupt nicht als Ursache des Bösen in Frage. Und wenn Gott, was den Teufel anbetrifft, nicht allmächtig wäre und seine Wirksamkeit nicht verhindern könnte, müßte der Teufel auch ein Gott sein, und dann kämen wir schließlich zu den primitiven Ideen von Göttern im Himmel, die sich gegenseitig bekriegen – Ideen, die natürlich durch den intellektuellen Fortschritt schon vor Jahrhunderten aufgegeben wurden.«

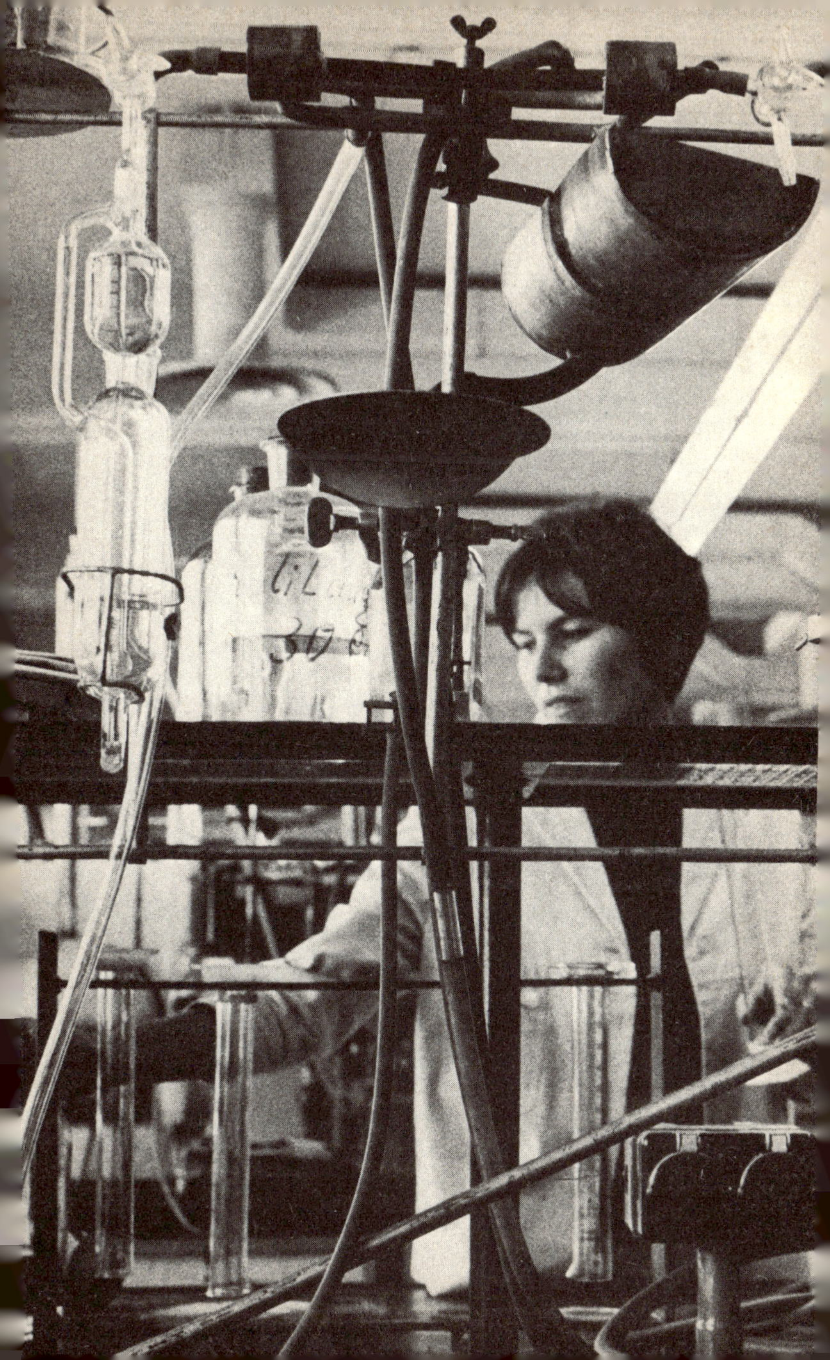

»Ich sagte früher oft«, fuhr er mit Nachdruck fort, »daß ich ein Agnostiker sei und deshalb über diese Dinge überhaupt nichts Sicheres wisse. Aber jetzt, nachdem ich älter geworden bin, bin ich zu der Überzeugung gelangt, daß ich in Wirklichkeit ein Atheist bin. Ich glaube überhaupt nicht an einen Gott, er sei gut oder böse. Solch ein Glaube bringt mehr Schwierigkeiten, als er wegnimmt, und macht die Dinge eben noch komplizierter. – Heutzutage klammere ich all diese Dinge aus meinem Denken ganz aus. Ich habe es nicht nötig, meinen Verstand noch länger damit verdunkeln zu lassen. Dazu kommt noch, daß ich nicht einsehe, wie irgendein intelligenter, ehrenwerter Mensch anders glauben könnte als ich.«

Ist das nicht ganz genau die Frage vieler denkender Menschen heutzutage? Warum ist es so, wenn Gott allmächtig ist – und wenn er Gott ist, muß er eben so sein –, *warum bringt er nicht all dieses Chaos zum Stillstand, all diese Kriege, all den Betrug, die Ungerechtigkeiten, das Elend und die Krankheiten in der Welt?* Es ist so, wie mir vor Jahren ein Student sagte: »Wenn Sie wollen, daß ich an Ihren Gott glauben soll, erwarte ich zuallererst, daß er eine bessere Welt erschafft!«

Falls er uns Menschen liebt, wie uns die Bibel versichert, warum läßt er nicht all das Elend verschwinden und bringt alles anständig in Ordnung? Weil er sich nicht mehr um uns kümmert? Wenn er uns vergessen hat und nicht mehr für uns sorgt, warum sollen wir uns um ihn kümmern? Wenn er allmächtig wäre, könnte er natürlich alles sofort ändern. Er wäre nicht länger Gott, wenn er nicht allmächtig wäre, und wenn es sich so mit ihm verhält, warum brauchen wir uns dann um ihn zu bemühen? Gerade deshalb, weil er es zuläßt, daß das Böse

neben dem Guten existiert, werden so viele zu Atheisten, wie es tatsächlich bei meinem Freund, dem oben angeführten Professor, der Fall ist.

Wir sollten uns nicht verleiten lassen zu denken, daß solche Fragen besonders modern seien und daß wir sehr fortschrittliche Denker seien, wenn wir so fragen. Als nach dem Sündenfall Disteln und Dornen aus der Erde emporwuchsen, hätten Adam und Eva leicht dieselben Fragen stellen können. Warum ließ Gott all dieses zu? Liebt er uns nicht mehr und sorgt er nicht mehr für uns? Hiob stellte dieselbe Frage, als das Unheil über ihn und seine Familie hereinbrach. Er ist Gott, er hätte es verhindern können, wenn er gewollt hätte. Denn sicher muß er allmächtig sein, weil er Gott ist, und muß es deshalb können. Wollte er es noch? Sorgte er noch für Hiob? Wenn nicht, warum sollte Hiob sich dann so lange um ihn kümmern und ihm dienen? Zugegeben, es gab noch eine Menge Dinge in Adams und Hiobs Leben, die darauf hindeuteten, daß Gott sich doch noch um sie sorgte, trotz Disteln und Dornen und Familienkatastrophen, aber es war kein klares Bild mehr vorhanden. Es gab nun Beweise für und gegen Gottes Liebe und Fürsorge, wenn man sich in der Umwelt des Menschen umsah. So erhob sich damals derselbe Widerspruch wie jetzt, und die Frage bleibt heute wie damals: »Warum soll man trotz aller gegenteiligen Beweise an einen guten Gott glauben und ihm vertrauen?« Ein Physiker stellte sie mir in folgender Weise: »Warum wertet Gott den Glauben an ihn so hoch, daß er ihn zur wichtigsten Bedingung macht, um in sein Reich zu gelangen? Denn der Glaube ist nichts anderes als das Ergebnis des Sichzwingens, etwas für wahr zu halten, von dem augenscheinlich gerade das Gegenteil schon bewiesen ist. So scheint Gott etwas hoch zu bewerten, was gegen unsere Natur und den gesunden Menschenverstand verstößt, nämlich die Beschränkung einer unserer höchsten Fähigkeiten, der Fähigkeit, Beweise zu führen und danach zu handeln. Der Glaube vertraut auf etwas, was er nicht sieht, das heißt, er akzeptiert einen Beweis, den er nicht erbringen kann.« Anders ausgedrückt lautet die Frage dieses Physikers: Warum sollte Gott es als Voraussetzung für eine besondere Gnade betrachten, wenn der Mensch trotz gegenteiligem Beweis glauben würde?

Um zu unserem ersten Gedankengang zurückzukehren, lautet die Frage: Wenn ein und dasselbe Wesen sowohl das Gute als auch das Böse, sowohl das Schöne als auch das Häßliche zuläßt und plant, dann ist alles ernsthafte Denken über ihn mit den uns gegebenen Denkfähigkeiten unmöglich.

Bevor wir fortfahren, laßt uns fragen, was die Bibel über den Stand dieser Dinge lehrt. Das erste Kapitel des Römerbriefes lehrt vollständig klar und kompromißlos, daß die Schöpfung überhaupt keine Widersprüche enthält, und gibt uns nur eine einzige Vorstellung von Gott, nämlich daß er ein herrlicher, allmächtiger Schöpfer-Gott ist und daß sein Universum nur seinen Ruhm verkündet. »Denn, was man von Gott erkennen kann, ist unter ihnen offenbar; Gott hat es ihnen offenbart. Denn Gottes unsichtbares Wesen, das ist seine ewige Kraft und Gottheit, wird ersehen seit der Schöpfung der Welt und wahrgenommen an seinen Werken, so daß sie keine Entschuldigung haben« (Röm. 1,19.20).

Demnach lehrt also die Bibel, daß ein Mensch, der das Weltall betrachtet und nicht gleichzeitig die ewige Macht der herrlichen Gottheit sieht, der, wenn er das Sichtbare sieht, keine Rückschlüsse auf das Unsichtbare zieht, ohne Entschuldigung ist. Ja, die Bibel geht in dieser Richtung noch einen Schritt weiter, indem sie in demselben Kapitel (Röm. 1,21) lehrt, daß ein Mensch, der Gott durch seine so herrlich geschaffene Welt sieht und ihm nicht dafür dankt und ihn preist, überwältigt von den Wundern, die des Schöpfers Weisheit offenbaren, daß ein solcher Mensch seine Gedanken dem Nichtigen zuwendet und daß sein unverständiges Herz verfinstert wird. Das heißt, wenn ein Mensch das Weltall betrachtet und nicht von selbst vor Dank zu Gott überfließt und ein Gottesverehrer wird, dann wird dieser Mensch im Laufe der Zeit unfähig, seine höheren Fähigkeiten, wie etwa sein Denken, auf rechte Weise zu gebrauchen. Außerdem wird sein »Herz« verfinstert, d. h. seine Sittlichkeit wird abgestumpft. Kein Gottesverehrer zu werden, wird als ein Mißbrauch der Denkorgane betrachtet, und Mißbrauch führt ganz allgemein zur Entartung des betreffenden Organs.

Zusammenfassend können wir sagen, daß die Heilige Schrift nicht viel Sympathie für den Menschen zeigt, der solche intellektuellen Schwierigkeiten, an Gott zu glauben, hat, wie sie oben erörtert wurden. Nach ihrem Maßstab sollte *ein Blick auf das Universum* für jeden Menschen von durchschnittlicher Intelligenz genügen, um von der Existenz Gottes überzeugt zu werden, und sollte ferner dazu ausreichen, aus ihm einen eifrigen Gottesverehrer zu machen.

Es bleibt also die Frage, warum die Bibel diesen Standpunkt vertritt, obwohl es klar ersichtlich ist, daß denkende Menschen überall in der Welt durch den Blick ins

Universum nicht zu Verehrern Gottes wurden, sondern im Gegenteil, daß sie auf intellektuelle Schwierigkeiten vieler Art stießen und sich sogar vielfach von Gott abwandten. Die Erforschung des Sichtbaren (Röm. 1,19: »was man von Gott erkennen kann«) hat ihnen nicht das Unsichtbare geoffenbart, sondern hat dazu geführt, daß sie an das Unsichtbare überhaupt nicht mehr glauben und daher davon absehen, ein Wesen in der unsichtbaren Welt zu verehren. Der Grund dafür ist wiederum, daß die sichtbare Welt so viele Widersprüche und Anachronismen zeigt, daß das Unsichtbare, nach dem Sichtbaren beurteilt, entweder lächerlich oder unnötig wird, überflüssig für weiteres ernsthaftes Denken.

In vielen Kreisen ist demnach ein Christ zu sein gleichbedeutend mit »intellektuell drittrangig«. Es wird angenommen, daß der Christ verstandesmäßig unfähig ist, die Widersprüche und Fehler, die seinem ziemlich naiven und intellektuell unmöglichen Glauben eigen sind, zu begreifen.

2. Der Ursprung des Bösen

Aber entsprechen die obengenannten Schwierigkeiten den Tatsachen? Stehen denn dem Glauben an den Gott der Bibel wirklich unüberwindliche Schwierigkeiten im Wege? Vielleicht kann ein persönliches Erlebnis diese Fragen besser klären als weitere theoretische Erörterungen.

Vor dem Zweiten Weltkrieg besichtigte ich oft den Kölner Dom. Dieses schöne gotische Bauwerk bewunderte

ich besonders, manchmal stundenlang, mit den anmutigen, emporstrebenden Pfeilern, dem prächtigen hochgewölbten Dach, den mittelalterlichen bunten Glasfenstern und der Orgel. Je mehr ich diesen Bau bewunderte, desto mehr bewunderte ich auch die Baumeister und Maurer, die im Laufe von Jahrhunderten diesen schönen Dom entwarfen und erbauten. Denn all diese anmutigen Linien waren offenbar sorgfältig von Experten entworfen worden, die nicht nur die mathematischen Grundlagen solch eines Baues kannten, sondern auch einen hohen Schönheitssinn besaßen. Auch die Qualität dieser handwerklichen Kunst war wirklich erstklassig, abgesehen von der Schönheit der allgemeinen Konstruktion. So bewunderte ich unsere Vorfahren, als ich ihr Handwerk untersuchte. Wenn man bedenkt, daß sie keine modernen maschinellen Vorrichtungen besaßen, die ihre Arbeit erleichterten, muß man ihr damaliges Werk als ein Wunderwerk betrachten.
So zeigt die Struktur dieses Domes zweifellos etwas von dem Geist, der dahintersteckte. Sich vorzustellen, daß solch ein wohlbedachtes Gebäude so einfach entstanden wäre, ohne dem Geiste von Sachkennern entsprungen zu sein, hieße am eigenen Verstand zu zweifeln.

Während des Zweiten Weltkrieges war Köln das Ziel von vielleicht mehr schweren Luftangriffen als jede andere Stadt in Westeuropa, und da der Dom direkt am Rangierbahnhof steht, der regelmäßig und schwer bombardiert wurde, wurde er oft getroffen und viele Male *schwer beschädigt.*

Ich erinnere mich noch gut an die Enttäuschung, als ich den Dom im Herbst 1946 zum erstenmal nach dem Kriege wieder sah. Die beiden berühmten Türme stan-

den noch und ragten aus dem furchtbaren, unvorstellbaren Trümmerfeld empor. Außer dem Dom selbst war fast alles dem Erdboden gleichgemacht oder in Trümmer zerfallen. Von ferne sahen die Türme noch gut aus, aber wenn man sich ihnen näherte, sah man riesige Löcher in ihrem massiven Mauerwerk. Mehrere hundert Tonnen Beton und Ziegelsteine waren in ein Riesenloch hoch oben in einem Turm hineingebaut worden, um das Mauerwerk teilweise wieder zu ersetzen, das von einer Sprengbombe weggerissen worden war. Das Dach war in Trümmern, die Orgel zerstört, die Fenster herausgefallen, und überall lag knietief eine unbeschreibliche Masse von Trümmern, zerfetztem Holz, pulverisiertem Mauerwerk und riesigen Steinblöcken, die teilweise Bombenlöcher zudeckten.

Dieses chaotische Bild machte einen tiefen Eindruck auf mich, als ich an die frühere Schönheit und Ordnung dieses Fleckchens Erde dachte. Aber während diese Gedanken durch meinen Kopf gingen, kam doch ein Gedanke in mir auf – nie verband ich irgendwie das Trümmerfeld dieses einst so schönen Gebäudes mit der Unfähigkeit oder einer Absicht der Architekten oder Handwerker, die es erbaut hatten. Ebensowenig begann ich an der Existenz dieser Baumeister zu zweifeln, weil ihr Werk nun vor meinen Augen in Trümmern lag. Man hätte wahrscheinlich lange Zeit angestrengt nachdenken müssen, um auf solch eine absurde Idee zu kommen. Fürwahr, selbst inmitten des allgemeinen Trümmerfeldes zeigten die Überreste, die auf die frühere Schönheit dieses Gebäudes hindeuteten, wie gut die Architekten alles geplant hatten. Die mächtigen aufstrebenden Pfeiler standen noch, die anmutigen gotischen Bögen waren noch da; sogar die Bombenlöcher im Mauerwerk machten es offenbar, wie gut die Architekten es entworfen und wie fachmännisch die Männer gebaut hatten, selbst an Stellen, die jahrhundertelang menschlichen Blicken entzogen waren. Bis in ihre innersten Teile zeigte die ganze Ruine gerade das Entgegengesetzte zu dem obigen absurden Gedanken und tat kund, wie gut das ganze Gebäude erdacht und konstruiert worden war. – Man könnte noch weitergehen und behaupten, daß der zerstörte Bau in gewisser Hinsicht noch besser als das unversehrte Gebäude die Vollkommenheit der Planung und Konstruktion zeigte. Das war kein mit Stuck versehenes Gebäude, außen fein, aber innen – wo niemand normalerweise hinsehen konnte – ganz minderwertig, wie bei vielen modernen Gebäuden.

Sehr wahrscheinlich würde niemand die Architekten beschuldigen, eine Ruine gebaut zu haben. Ganz offenbar war der Dom nie als eine solche geplant – dies würde auch nicht zu der Tatsache passen, daß er jetzt eine Ruine ist. Es war im allgemeinen leicht, zwischen dem zu unterscheiden, was Ruine und was geplant war.
Obwohl der Dom gleichzeitig Vollkommenheit und Zerfall zeigte und sonst ein gemischtes Bild darbot, hätte diese Tatsache doch nie zur Entstehung der beiden folgenden Gedanken geführt:

1. daß, weil der Dom eine Ruine, eine Mischung von Chaos und Ordnung war, kein erfinderischer Geist, kein Architekt dahinter stand;

2. daß, weil das Gebäude ein Gemisch von Zerfall und Ordnung war, man nicht mehr hoffen könne, irgendwelche charakteristischen Merkmale des dahinterstehenden Geistes zu erkennen.

Der zerbombte Dom erinnert mich oft an den Zustand der Schöpfung, wie wir sie heute sehen, wahrlich ein gemischtes Bild, ein Durcheinander von Ordnung und Chaos, Schönheit und Häßlichkeit, Liebe und Haß, alles unentwirrbar miteinander verzahnt. Aber an diesem Punkt sei daran erinnert, wie unlogisch es wäre, automatisch daraus zu folgern:

1. deshalb stehe hinter dem Gebäude der Schöpfung kein Geist, kein Schöpfer. Und doch ist genau dies die Einstellung unseres Atheisten, wie oben ausgeführt wurde. Wir erinnern uns, daß der Atheist sagte, er sehe nichts als Widersprüche in der Natur, und er schließe deshalb den für ihn verwirrend wirkenden Gottesbegriff ganz aus seiner Gedankenwelt aus;

2. deshalb könnte man keinerlei charakteristische Merkmale des hinter der Natur stehenden Geistes erkennen. Im allgemeinen ist es ziemlich leicht, zwischen dem Plan und der dazwischengetretenen Unordnung zu unterscheiden, auch in der Natur. *In einem Trümmerfeld erkennt man oft die wirklichen Absichten des dahinterstehenden Erbauers noch besser als in dem unbeschädigten Gebäude.* Zum Beispiel hat das Studium der Krebszellen (»ruinierte« Zellen jenes »Körper« genannten Gebäudes) viele unvermutete Geheimnisse über den Aufbau und die Struktur der gesunden Körperzellen zutage gebracht, die auf andere Weise nicht so leicht entdeckt worden wären. Also, obwohl die Schöpfung ein (aus Gut und Böse) gemischtes Bild darbietet, ist es unhaltbar, daraus zu schließen, daß deshalb kein Schöpfer existiere und keine Eigenschaften seines Geistes in ihr zu sehen seien. Oft zeigt das zerstörte Gebäude diese Eigenschaften besser als der unbeschädigte Bau. Der »Schaden« in

der Schöpfung bringt oft die charakteristischen Eigenschaften des dahinterstehenden Geistes besser ans Tageslicht als ihr ursprünglicher Zustand.

Und doch behaupten die Atheisten und Agnostiker, daß man durch den Blick ins Weltall nichts über den Geist des Schöpfers erfahren könne, angeblich größtenteils wegen des aus Gut und Böse, Ordnung und Unordnung bestehenden Bildes, das das Universum darstellt. Aber daß diese Einstellung unlogisch ist, tritt deutlich zutage. Römer 1 lehrt auch die Unhaltbarkeit dieser These. Ja, die Bibel lehrt in demselben Kapitel, daß Krankheit, Tod, Haß und Häßlichkeit äußere Zeichen eines Zustandes der »Unordnung« sind, und daß sie sich ziemlich leicht von Gesundheit, Leben, Liebe und Schönheit, dem ursprünglichen, unbeschädigten Zustand unterscheiden lassen.

Also ist die Lehre von Römer 1, daß die Schöpfung, sogar die gefallene oder »zerstörte« Schöpfung, genug von Gott offenbart, um jeden ehrlich denkenden Menschen zu Dank und Anbetung zu veranlassen, zweifellos nicht unlogisch, sondern vielmehr eine wahre Darstellung der gegebenen Tatsachen.

3. Warum läßt Gott das Böse zu?

Natürlich sind alle Veranschaulichungen und Gleichnisse in der Art, wie sie bisher gebracht wurden, unvollständig, und unser Dom ist keine Ausnahme. Eine Unvollständigkeit in unserer Darstellung liegt natürlich darin, daß die Erbauer des Doms seit langem tot sind und nicht die Bombardierung ihres Meisterwerks verhindern konnten. Gott ist nicht tot, wie wir voraussetzen. Deshalb

taucht jetzt die Frage auf, *warum ein allmächtiger Gott, der, wie wir annehmen, sein Meisterwerk, die Schöpfung, liebt, nicht die »Bombardierung« seines Meisterwerkes verhindern konnte?* Hier kann uns natürlich unser Gleichnis vom Kölner Dom nicht mehr helfen.

Fragen dieser Art (»Warum gebietet Gott diesem nicht Einhalt?«) tauchen gewöhnlich dann auf, wenn der Fragende sich nicht die Mühe gemacht hat, genau zu überlegen, wie die Liebe – oder irgendeine Tugend überhaupt – beschaffen ist. Wenn man genau überlegt, was die Liebe oder irgendeine andere Tugend ist, löst sich dieses Problem meist ganz schnell von selbst, und zwar auf eine Weise, die den Verstand durchaus zufriedenstellt. Deshalb wollen wir uns sogleich als Einleitung folgende Frage zu dem Problem stellen, das wir nun betrachten wollen: Was ist das Wesen der Liebe im besonderen und der Tugend im allgemeinen?

Natürlich können wir hier nicht umfassend und lückenlos über Gottes Liebe sprechen, denn er ist unendlich, und alles Unendliche liegt jenseits unseres Denkens. Deshalb beabsichtige ich hier nicht, auf das Wesen der Liebe oder der Tugend im allgemeinen vom göttlichen oder menschlichen Standpunkt aus in erschöpfender Weise einzugehen, sondern wir wollen diese Frage nur insoweit betrachten, als sie unser Hauptproblem betrifft.

Nach der Bibel ist es klar Gottes Wille, daß wir so viel wie möglich von seiner Liebe verstehen und begreifen können, wenn auch er und seine Liebe unendlich ist, während wir endlich sind. Deshalb gab er uns eine Botschaft von seiner Liebe in einer Form, die wir begreifen können. Er tat dies, indem er uns als Beispiel die menschliche Liebe, besonders die Liebe zwischen Braut und Bräutigam, vor Augen führte. *Die Liebe des Sohnes Gottes, Jesus Christus, zu uns Menschen wird oft mit der Liebe verglichen, die ein junger Mann für seine Braut empfindet.* Christus bezeichnet sich wiederholt als der Bräutigam und die Gemeinde als seine Braut.

Wie begann diese Liebe zwischen Braut und Bräutigam? Eines schönen Tages sah der junge Mann das Mädchen und empfand eine Zuneigung zu ihr, die sich besser erleben als beschreiben läßt. Wenn die junge Dame wirklich eine Dame ist, dann wird dieses Verhältnis nicht von ihr ausgegangen sein, sondern von dem jungen Mann (das heißt, wenn er wirklich ein Mann ist). Zuerst mag sie seine Zuneigung nicht bemerkt haben, bis zu dem Augenblick, da er begann, sie zu umwerben, vielleicht, indem er ihr Blumen schickte oder auf eine andere vorsichtige Weise. Aber ehe das Werben anfängt, ist die Liebe gewöhnlich einseitig – und eine einseitige Liebesaffäre kann wahrhaftig sehr schmerzlich sein, denn die Liebe muß auf Gegenseitigkeit beruhen, wenn sie glücklich sein und Zufriedenheit bringen soll.

Eine brennende Frage möchte der junge Mann in diesem Zustand vor allen anderen Fragen beantwortet haben: Wird meine Zuneigung von ihr erwidert? Und das Liebeswerben bewirkt, daß diese Frage beantwortet wird. Denn eines Tages bemerkt das junge Mädchen seine Aufmerksamkeit und Zuneigung und muß ihrerseits eine Entscheidung treffen: Erwidere ich seine Zuneigung? Kann ich sie erwidern? Wenn sie klug ist, wird sie sich diese Frage jetzt sehr genau überlegen und wird vielleicht ihre Eltern oder ihre Freundinnen zu Rate ziehen oder sonst jemand, der in diesen Dingen mehr Erfahrung

hat als sie selbst. Falls sie und ihre Berater meinen, sie dürfe diese Zuneigung erwidern, muß sie sich klar darüber sein, ob sie ihn auch lieben kann. Und wenn sie diese Frage mit »ja« beantworten kann, werden die beiden bald zu einer Aussprache zusammenkommen, und groß ist dann die Freude der zwei Herzen, die sich in Liebe und Treue einander anvertraut haben.

Aber um Liebe zu wecken und erwidern zu können, müssen einige Punkte beachtet werden:

1. Der junge Mann muß das junge Mädchen umwerben. Sobald jedoch an die Stelle des Werbens Zwang tritt, hören Freude und Liebe auf, und an ihre Stelle treten oft Haß und Herzeleid. *Ihrem ganzen Wesen nach beruht die Liebe auf der freien, gegenseitigen Zustimmung,* verbunden mit absoluter Achtung des freien Willens des Partners. Anders ausgedrückt, die Grundlage für die Liebe ist die Freiheit zu lieben, gegenseitige Einwilligung oder die absolute Freiwilligkeit bei beiden Partnern, sich ihrer gegenseitigen Zuneigung zu versichern. Ohne diese Freiheit ist wahre Liebe unmöglich.

Als Elieser, Abrahams Knecht, Rebekka gefragt hatte, ob sie Isaaks Frau werden wolle (1. Mose 24), wollte er sie einfach mitnehmen, nachdem er die Einwilligung ihrer Angehörigen erhalten hatte. Aber die Angehörigen sahen sofort ein, daß dies keine Grundlage für Liebe und Heirat sei, und verlangten, daß Rebekka selbst öffentlich gefragt werden müsse, ob sie Isaak wolle oder nicht. Deshalb riefen sie sie und fragten sie vor der ganzen Familie, wie sie in dieser Sache gewillt sei. Erst nachdem sie ihre öffentliche Einwilligung dazu gegeben hatte, die auf ihrem eigenen, freiwilligen Entschluß be-

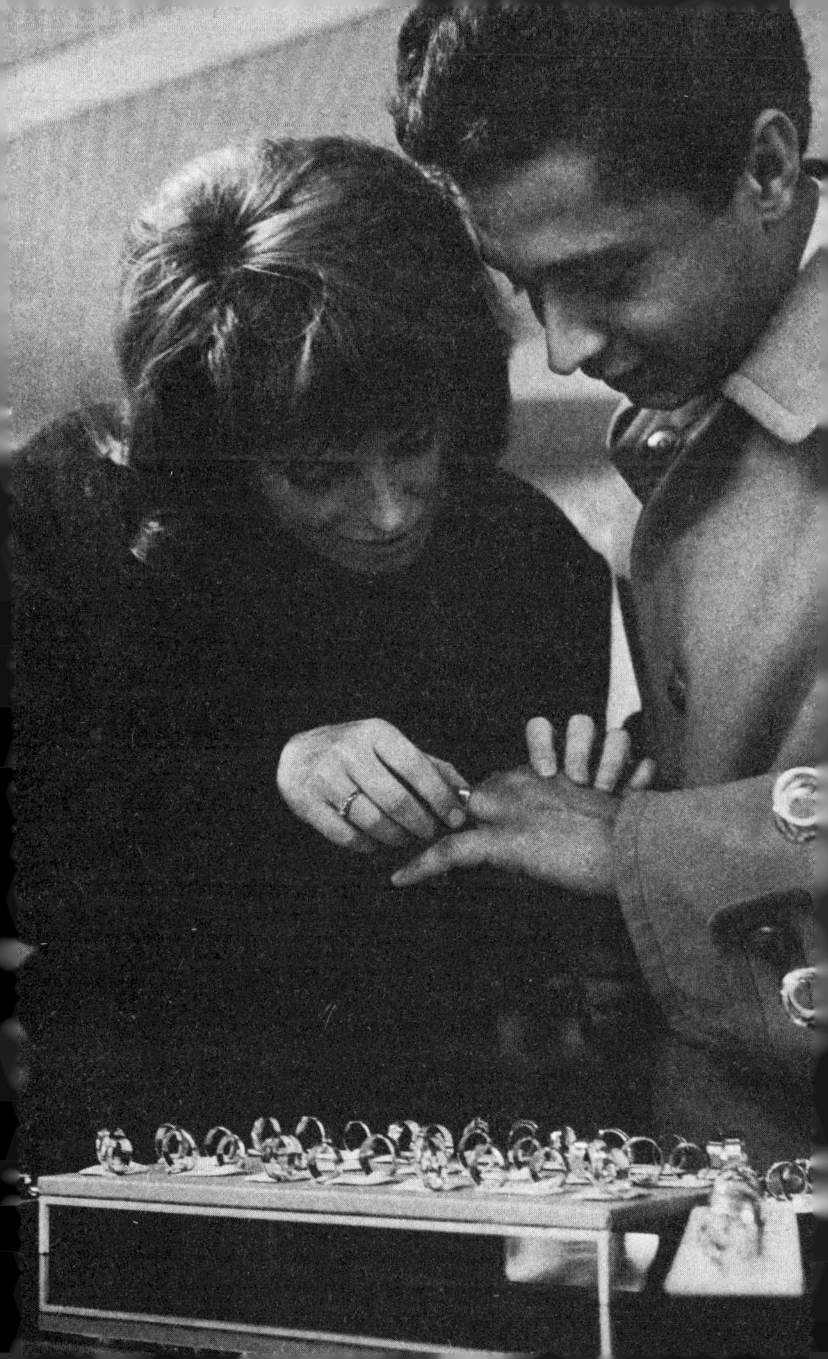

ruhte, willigten ihre Verwandten in die Heirat ein. Sie wußten, daß es keine andere Grundlage für Liebe und Heirat geben konnte.

Dieselbe Grundlage gilt für Liebe und Heirat in allen zivilisierten Ländern. Beide Ehepartner müssen bei der Trauung öffentlich ihren freiwilligen Entschluß durch ihr Ja bekunden.

2. Die erschütternden Folgen, die durch Außerachtlassung dieser einfachen Tatsache entstehen, kann man in der Liebesgeschichte von Amnon und Thamar sehen (2. Sam. 13). Amnon verliebte sich heftig in die schöne Königstochter Thamar, jedoch fehlte ihm die Geduld, sie zu umwerben und ihre Liebe und Einwilligung zu gewinnen. Auf arglistige Weise gelang es ihm, mit ihr allein zu sein, indem er eine Krankheit vortäuschte, und zwang sie dann. So rasend war er in seiner »Liebe«. Eine »Liebe«, die nicht werben und warten kann, ist oft nur ein anderer Name für »Wollust«. Die Folge dieses Verhaltens war, daß sich seine heftige »Liebe« im Nu in einen ebenso glühenden Haß verwandelte (2. Sam. 13,15) – wie es dann in solchen Fällen zu sein pflegt. Thamars Herz war natürlich gebrochen, und »sie blieb einsam in Absaloms, ihres Bruders Hause« (2. Sam. 13,20). Das junge Mädchen leidet gewöhnlich viel mehr unter einem zerbrochenen Verhältnis als der junge Mann, was erkennen läßt, wie notwendig es ist, heranwachsende Jungen zu lehren, daß ein Mädchen kein Spielzeug ist, sondern als etwas angesehen werden muß, das man nicht verletzen darf.

Daraus dürfen wir folgern, daß man zur Liebe absolute Freiheit zu lieben haben muß. Dabei verstehen wir unter Liebe nicht bloße körperliche Vereinigung, die von Wollust herrühren kann, sondern Vereinigung aller drei Teile, aus denen wir bestehen, nämlich von Körper, Seele und Geist. Bloße körperliche Vereinigung ohne die gegenseitige Liebe des ganzen Wesens beider Partner, nämlich von Leib, Seele und Geist, verstößt gegen ein grundlegendes Naturgesetz und bewirkt eine um so stärkere Verhärtung des Charakters, je mehr sie praktiziert wird. (Heute können viele Geisteskrankheiten auf Verstöße gegen Naturgesetze dieser Art zurückgeführt werden.) Falls bei einem der Liebenden an die Stelle der Liebe Zwang tritt, schwindet die Möglichkeit, sich aufrichtig zu lieben, rasch dahin, und die Folge davon kann Haß sein. Anders ausgedrückt, um wirklich lieben zu können, muß echte Freiheit zum Lieben vorhanden sein, was natürlich auch das Gegenteil mit einschließt, d. h. die echte Freiheit, nicht zu lieben.

3. Dies dürfen wir vielleicht in unserem dritten Punkt zusammenfassen: Damit die Möglichkeit für eine wirkliche Liebe gegeben ist, muß die absolute Freiheit zum Lieben oder Nichtlieben garantiert sein. Eine wirklich freie Wahl zum Lieben oder Nichtlieben ist überhaupt die Voraussetzung für eine wahre Liebe.

4. Die Bibel lehrt, daß Gott selbst Liebe ist. Weil er selbst Liebe ist, sucht er Gegenliebe, reine, warme, echte Liebe unsererseits; denn die Liebe wird nur zufriedengestellt, wenn sie auf Gegenseitigkeit beruht, wenn sie erwidert wird. Er, der Bräutigam, umwirbt uns und möchte die Gegenliebe seiner Braut, der Menschen auf Erden, gewinnen. Er kann uns eine solche Liebe nicht aufdrängen oder aufzwingen. Schon der bloße Versuch, sie mit Gewalt zu gewinnen, würde die ganze Grundlage der

Liebe zerstören. Als unser wahrer Freund tut er alles, um uns die Echtheit seiner Liebe zu beweisen. Er geht darin so weit, daß er in Jesus Christus auf die Erde kommt und Mensch wird. Hier nimmt er freiwillig den Tod auf sich, um uns von Schuld und Sündenketten freizumachen. Größere Liebe hat niemand als der, der sein Leben für seinen Freund läßt. Jesus Christus tut in seinem Werben um die Liebe der Menschen noch mehr als dies. Er läßt sein Leben für seine Feinde und führt uns so die allergrößte Liebe vor Augen, deren ein Mensch überhaupt fähig ist. All dies kann nur teilweise dargestellt werden durch den Vergleich der Liebeswerbung des Bräutigams um die Braut.

5. Nun überlege einmal einen wichtigen Punkt in Form einer Frage. Was würde geschehen, wenn Gott den Menschen so geschaffen hätte, daß er keine eigene sittliche Entscheidung treffen, sondern nur automatisch Gottes Willen tun könnte, gerade so, wie wenn sich ein Schloß öffnet, wenn man den richtigen Schlüssel hineinsteckt? *Oder gerade so, wie ein Verkaufsautomat einen Riegel Schokolade liefert, wenn man den richtigen Geldbetrag hineinsteckt.* Wenn der Mensch so beschaffen wäre, daß er Liebe gäbe, wenn Gott den richtigen Knopf drückte, wäre das dann tatsächlich Liebe? Kann ein solches System, in dem man dazu geschaffen ist, eine Tugend irgendwelcher Art zwangsweise hervorzubringen, wirklich überhaupt eine Tugend erzeugen? Angenommen, Gott würde, um unserer Liebe ganz sicher zu sein, uns die Entscheidungsfreiheit zum Lieben oder Nichtlieben wegnehmen und uns tatsächlich wie einen Automaten erschaffen. Er würde auf den Knopf drücken, und wir würden ihm unsere »Liebe« als die selbstverständlichste Sache der Welt entgegenbringen. Könnte man erwarten,

HB
DM 2,-
Lord

daß solch ein Geschöpf überhaupt auf irgendeine Weise wirkliche Liebe besäße? Um unserer Liebe sicher zu sein, muß er uns die freie Willensentscheidung zum Lieben oder Nichtlieben, unserem Wunsch gemäß, gestatten; dies liegt notwendigerweise dem Wesen der Liebe – und in der Tat auch jeder anderen Tugend – zugrunde.

Deshalb schließt die Absicht Gottes, wahre Liebe zu wecken, stets das Risiko ein, daß der Gegenstand der Liebe seinerseits überhaupt nicht liebt. Gott wollte – und will auch heute noch – ein Reich der Liebe auf Erden und im Himmel errichten. Aber wenn er das tut, muß er das oben erwähnte Risiko mit in Kauf nehmen. *Es liegt im Wesen des Guten, der Liebe und der Tugend, daß das Werben um Liebe ein Wagnis ist,* daß die Liebe nicht erwidert zu werden braucht, daß derjenige, bei dem Gott Liebe erwecken möchte, seine Liebe nicht erwidert. Deshalb schieben gewöhnlich gerade die Menschen, die nicht viel über das Wesen der Liebe und der Tugend nachgedacht haben, Gott so gern die Rolle des Diktators zu und meinen, er würde auch in unseren Tagen brutale Gewalt ausüben.

Dasselbe Risiko ist in der Absicht, irgendeine andere Tugend zu wecken, enthalten. Nehmen wir zum Beispiel das Almosengeben. Wenn mich ein armer Mann um Geld für eine Mahlzeit bittet und ich ihm etwas gebe, tue ich etwas Gutes. Wenn ich jedoch sage, daß Bettler von den Steuern und Abgaben unterstützt werden sollen, und die Stadtbehörden schicken mir ein Schreiben, daß ich eine Steuer zur Unterstützung der Armen und Bedürftigen zu zahlen habe, und ich diese als eine pflichtgemäße Abgabe bezahle, so liegt darin keine Tugend, wenn auch der Arme genau denselben Geldbetrag von

den Stadtbehörden erhielte, indirekt aus meiner Tasche, den ich ihm direkt aus meiner Tasche gegeben hätte. Im ersten Fall gebe ich ihm freiwillig einen Geldbetrag. Dies ist eine tugendhafte Handlung. Im zweiten Fall bezahle ich meine Steuern, weil dies meine Pflicht ist. Aber darin liegt keine Tugend, es ist das wenigste, was ich tun kann. Gezwungene Wohltätigkeit ist überhaupt keine Wohltätigkeit, sondern eine Steuer. Wenn ich ein Kind dazu zwinge, »gut« zu sein, wenn wir außer Hause Besuche machen, mag es äußerlich gut sein (wofür ich sehr dankbar bin), aber seine »Güte« dürfte sehr oberflächlich sein. Äußerer Zwang allein kann niemanden dazu bringen, gut zu sein oder Tugend zu üben. (Damit ist absolut nichts gegen Gewaltanwendung als Strafe für Übeltäter gesagt, wo Zwang notwendig ist und Abhilfe schaffen kann. Aber an sich bewirkt er nichts Gutes.)

Dies enthüllt eine Schwäche der sozialisierten Welt, in der alle »Wohltätigkeit« und alle Liebeswerke vom Staat organisiert werden. Diese hören dann auf, Wohltätigkeit oder Liebeswerke zu sein, sobald sie nicht mehr auf Freiwilligkeit beruhen. Ein anderer wichtiger Punkt soll hier auch erwähnt werden. Der freiwillige Geber von Geld und Gütern (von Almosen, um dies altmodische Wort nochmals zu gebrauchen) erhält einen Segen durch sein Tun. Jesus selbst sagte: »Geben ist seliger denn Nehmen.« Das Sichüben in einer Tugend veredelt und bereichert den Charakter und gibt dem, der sich darin übt, wahre Freude und Befriedigung. *Der Steuerzahler bezahlt hingegen seine Steuer, weil er muß* – und vielfach tut er es widerwillig. Diese innere Verfassung gibt keine Freude und veredelt nicht den Charakter.

FINANZAMT.
465

Die Waisenhäuser eines Georg Müller wurden ganz durch freiwillige Spenden unterstützt und von freiwilligem Personal betreut. Sie waren ein wahrer Zufluchtsort voll Liebe, Freude und Ruhe für Tausende von Waisenkindern. Aber wie oft ist die staatliche Anstalt, die solche Privateinrichtungen ersetzt, die durch Steuermittel unterhalten wird und in welcher Berufspersonal arbeitet, was Liebe betrifft, ebenso kalt wie die Steine und der Beton, aus denen die Anstalt errichtet wurde. Der Wohlfahrtsstaat tötet zu oft Liebe und Wohltätigkeit, die früher die treibenden Kräfte bei der Gründung der privaten Anstalten waren, indem er alles selbst übernimmt, um vielleicht einige Mißstände zu beseitigen. *Sobald freiwillige Geldspenden und freiwilliger Dienst unterbleiben, besteht die Wahrscheinlichkeit, daß die Liebe an solchen Orten ausstirbt.* Noch betrüblicher ist natürlich die Wirkung dieser Tatsache auf den Charakter, wenn dadurch nicht mehr die Möglichkeit gegeben ist zu Tugend und Opfer. Diese Wirkung auf den Charakter ist sicherlich eine der ernsthaftesten Schwierigkeiten, denen die moderne, hochsozialisierte und -organisierte Welt gegenübersteht. Dadurch wird der Weg für Diktatoren geebnet, die über die »Menschenmassen« (ein Lieblingsausdruck Hitlers) herrschen wollen. Charakterstärke, die notwendig ist, um einem Tyrannen zu widerstehen, entsteht nicht ohne die Wirkung, die ein lebenslanges Sichüben in der Tugend mit sich bringt, und nicht, ohne daß man den verschiedenen Wechselfällen des Lebens begegnen kann, die oft dadurch erschwert werden, daß man um des Gewissens willen leiden muß. Die moderne, sozialisierte Welt neigt dazu, diese charakterbildenden Lebensbestandteile zu entfernen, oft aus einer falschen, menschenfreundlichen Haltung heraus (»jedes Bedürfnis für jeden von der Wiege bis zum Grabe zu befriedigen«). Das Er-

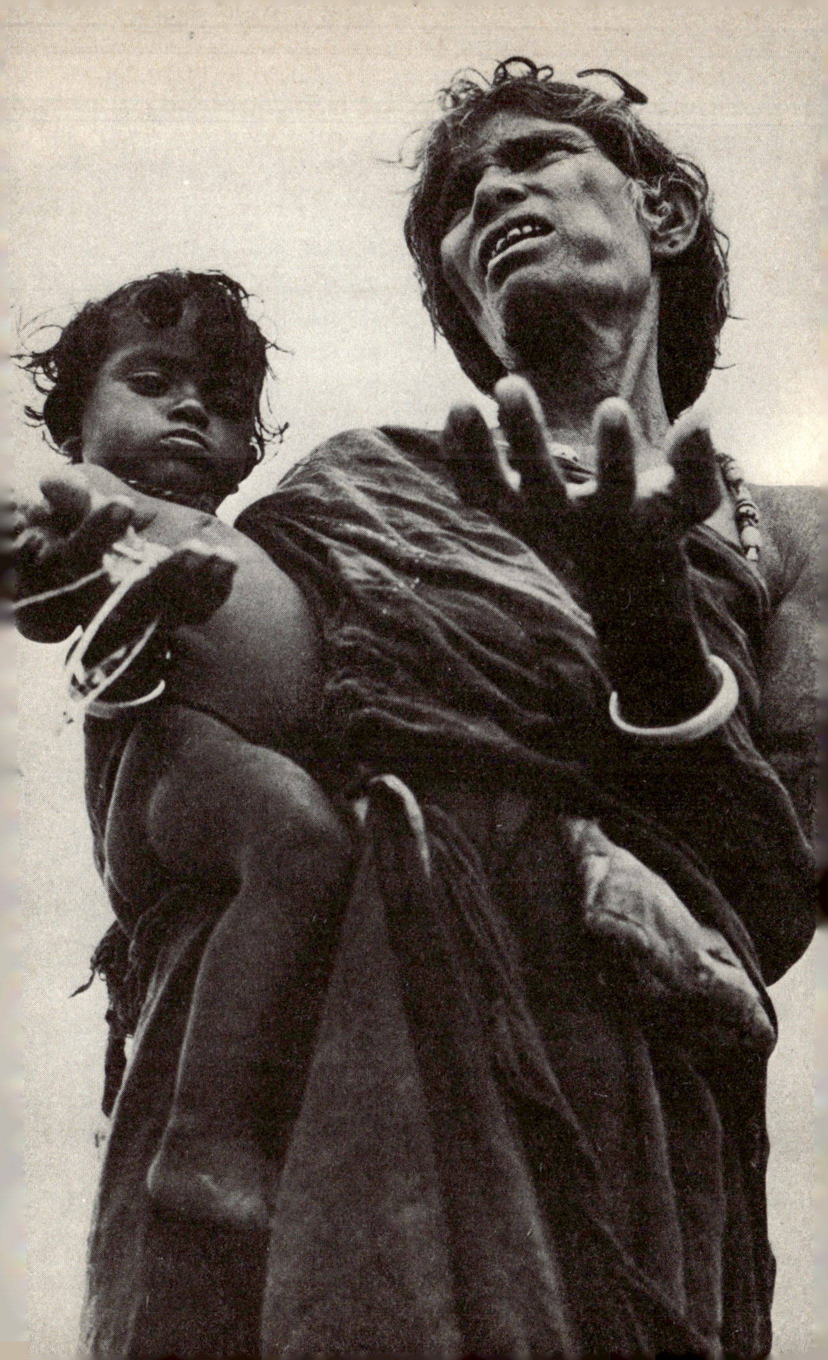

gebnis dieser Tatsache ist, daß immer weniger Menschen die Charakterstärke besitzen, bereit und willens zu sein, für ihre Überzeugung zu leiden.

Als Gott die himmlische Welt und die Engel erschuf, wollte er damit das Allerbeste erschaffen und gründete deshalb ein Reich der Liebe und der Tugend. Aber um dies zu verwirklichen, mußte er den Einwohnern echte Freiheit garantieren, was er auch tat. Die Engel und ihr Oberster, Luzifer, erhielten einen Charakter, der sie zu echter Liebe zu ihrem Schöpfer und ihren Gefährten befähigte. Sie hatten damit die Möglichkeit, echte Liebe auszuüben, um Liebe zu werben und mit Liebe umworben zu werden, was natürlich auch die entsprechenden entgegengesetzten Möglichkeiten mit einschließt, *die Möglichkeit, all dies abzulehnen.* Die Bibel berichtet es als eine Tatsache, daß ein großer Teil der Engel ihrem Obersten Luzifer folgte, als er sich in Willensfreiheit entschloß, nicht zu lieben und dem Liebeswerben des Schöpfers den Rücken zu kehren. Dadurch, daß sie sich ihm, dem einigen und alleinigen Gott, verschlossen, wurden sie natürlich böse, lieblos und fielen dem Verdammungsurteil anheim.

Also zeigt das bloße Vorhandensein des Bösen in einer Welt, die von einem allmächtigen Gott geschaffen wurde, daß das Gute und die Tugend an sich wirklich echt sind, und daß die Liebe an sich wirklich Liebe ist und nichts anderes – wie manchmal gelehrt wird (»Liebe ist eine versteckte Form des Egoismus«). Das bloße Vorhandensein des Bösen in der Welt eines allmächtigen Gottes ist in der Tat ein guter Beweis, daß Gott wirklich Liebe ist.

Nachdem Luzifer, der Oberste der Engel, sich für das Böse entschieden hatte, wollte er missionarisch tätig sein und suchte Gefährten für sich zu gewinnen, indem er andere dazu veranlaßte, denselben Weg einzuschlagen. Deshalb ging er zu Adam und Eva, die auch mit einem zur Liebe fähigen Charakter erschaffen worden waren und deshalb frei wählen konnten. Es ergab sich, daß auch sie eine falsche Wahl trafen. Weil sie dem alleinigen Gott den Rücken kehrten, wurden sie böse und brachten Sünde und Leid in die Schöpfung hinein.

Aber zeigt dies nicht alles, wie hoch Gott die Menschen achtet? Er nimmt unsere Entscheidungen, uns selbst und unsere Liebe wirklich ernst, ernst genug, um darum zu werben, was wiederum das Wesen seiner Liebe offenbart. Denn wahre Liebe achtet und respektiert immer den Partner, um den sie wirbt. Dies erklärt auch, warum Gott die Menschen durch »törichte Predigt« ruft und sucht und nicht dadurch, daß er uns mächtige Engel oder Geisteserscheinungen von anderen Welten schickt. Sie würden nur die Leute erschrecken, wenn sie in übernatürlicher Macht und Herrlichkeit erscheinen würden. Aber Gottes Ziel ist es, unser Vertrauen und unsere Liebe zu gewinnen. Deshalb verwendet er die natürlichsten Mittel, die verfügbar sind, damit diejenigen, die er zu gewinnen sucht, völlige Entscheidungsfreiheit haben und nicht durch Machtdemonstrationen eingeschüchtert werden, welches die Mittel eines Diktators und nicht eines Liebenden wären. Deshalb wendet er im allgemeinen keine Methode an, die die Menschen dazu zwingen würde, seine Liebe anzunehmen; denn man kann niemanden zu der Liebe zwingen, die von Gott gesucht wird. Man kann sogar die Wunder Jesu mit den oben dargelegten Methoden vergleichen.

Zusammenfassend können wir sagen, daß Gott es zuließ, daß das Universum »bombardiert« wurde (um unseren früheren bildlichen Ausdruck zu gebrauchen), weil der Plan für eine Welt, die echter Liebe und Tugend fähig ist, dieses Risiko mit einschließt; der Plan, ein Reich der Liebe, ein Reich der völligen Freiheit zu errichten. Ohne diese Möglichkeit freier Willensentscheidung kann man eben gerade das Beste überhaupt nicht erreichen.

4. Was nun?

Aber was tat Gott nun, nachdem die Schöpfung einmal die falsche Richtung eingeschlagen hatte und dem Einzig-Guten den Rücken gekehrt hatte?

Nachdem der Abfall nun einmal eingetreten war, was jetzt?

Die Schrift sagt, daß Gott in seiner Allwissenheit natürlich schon über alles Bescheid wußte, sogar bevor der Mensch und die Engel die falsche Wahl getroffen hatten, und daß er für diesen Fall sogar schon sorgfältige Vorkehrungen getroffen hatte. Diese Tatsache, daß Gott den Sündenfall deutlich vorausgesehen hatte, lange bevor er stattfand, ist für viele zu einem Stein des Anstoßes geworden. In Wirklichkeit aber sind hier nur wenig intellektuelle Schwierigkeiten, wenn man die Sache sorgfältig betrachtet, und zwar aus folgenden Gründen:

Wenn ich einen Menschen eine Zeitlang sehr genau beobachte, kann ich kleine Wesenseigentümlichkeiten an ihm feststellen. Er sagt zum Beispiel jedesmal »Ah«, bevor er ein schwieriges Wort ausspricht. Oder er kneift die

Augenbrauen zusammen, bevor er einen netten Witz erzählt. Im Laufe der Zeit kann ich aufgrund meiner vorhergehenden Beobachtungen voraussagen, was er gleich tun wird, noch bevor er es wirklich tut.

Aber meine Fähigkeit, das vorauszusagen, was er tun wird, macht mich keineswegs für sein Tun verantwortlich. Ebenso macht die Tatsache, daß Gott voraussehen konnte, was Adam und Eva und das Menschengeschlecht überhaupt tun würden, ihn nicht notwendigerweise dafür verantwortlich, besonders darum nicht, weil er ihnen ausdrücklich den freien Willen gegeben hat. Gott sah den Sündenfall der Engel und der Menschen voraus und war sogar schon vor der Erschaffung der Welt dazu bereit, seinen Sohn als ein Opfer für die Sünde zu senden. Jedoch meinen viele, daß dieses Vorherwissen Gott notwendigerweise in die Schuld des Sündenfalles mit hineinverwickeln muß. Wie wir sahen, macht ihn jedoch das Vorherwissen keineswegs für den Sündenfall verantwortlich, und doch bilden viele es sich ein. Ganz im Gegenteil, die echte Möglichkeit der freien Willensentscheidung, die er uns verliehen hat, damit wir lieben und uns in wahrer Tugend üben können, entscheidet, daß die Geschöpfe schuldig sind und der Schöpfer unschuldig ist.

Viele werden sich an dieser Stelle fragen, warum erschuf denn Gott überhaupt die Engel, den Menschen und die Welt, obwohl er das Chaos voraussah, das der Möglichkeit zur freien Willensentscheidung folgen würde, wo er doch all den Haß, das Elend und den Kummer voraussah? War das nicht ziemlich schadenfroh, so zu handeln, wo er die Folgen kannte? Wäre es nicht besser gewesen, dies alles ungeschehen sein zu lassen angesichts dieses kommenden Unheils? Im Prinzip erheben sich dieselben

Fragen in der Ehe. Bei der Trauung wissen wir, daß wir einmal den Schmerz der Trennung durch den Tod erleben werden. Deshalb heißt es ja bei der kirchlichen Trauung auch: »... bis der Tod euch scheidet« (wenn nicht Christus wiederkommt, bevor wir sterben). Und doch nehmen wir all diesen Kummer und das Herzeleid auf uns, von dem wir wissen, daß es kommen wird, weil wir glauben, daß die Freude der Liebe und die Bereicherung des Lebens, die dadurch entsteht, daß wir uns dem Geliebten zur Verfügung stellen – sei es auch nur für einen Tag (und vierzig oder fünfzig Jahre gehen dahin wie ein Tag) –, besser ist als überhaupt keine Liebe.

Die Liebe in der Art, wie Gott sie will, bereichert den Charakter und veredelt die Seele; sie entschädigt uns in überreichem Maße für die Versuchungen, denen wir gerade durch sie in Zukunft und Gegenwart ausgesetzt sind. Wir stehen hier vor der Frage, was schwerer wiegt. Alle, die die Liebe kennen, werden immer sagen, daß die Liebe weit mehr ins Gewicht fällt als die Sorgen und Nöte, die sie mit sich bringt. Augenscheinlich denkt der Schöpfer, der die Liebe in Person ist, ebenso, denn er erschuf uns tatsächlich trotz allem und wagte den gewaltigen Versuch, weil er davon überzeugt war, daß die Wärme der Liebe die Bitterkeit des Leidens weit übertrifft. Liebe für einen Tag ist unendlich mehr wert als überhaupt keine Liebe, und wo Leben ist, ist Gelegenheit zur Liebe vorhanden. Außerdem währen Anfechtungen und Leid hier auf Erden nur eine kurze Zeit, während die Charakterveredlung derer, die durch Leiden vollkommen gemacht werden, ewig währt. Wohin wir unseren Blick auch wenden, müssen wir zugeben, daß die Schöpfung, wenigstens vom Standpunkt der Liebe aus betrachtet, den Versuch wert war.

Aber was kommt nun, nachdem der Sündenfall stattgefunden hat und die Sünde in die Welt gekommen ist? Was tut der Gott, der die Liebe in Person ist? Laßt uns die Frage auf eine andere Art stellen. Was tut ein rechter Liebhaber, der mißverstanden und abgewiesen wurde? Die Schrift sagt: »Die Liebe ist langmütig und freundlich ... sie läßt sich nicht erbittern, sie rechnet das Böse nicht zu ..., sie verträgt alles, sie duldet alles. Die Liebe höret nimmer auf« (1. Kor. 13,4–8).

Man erwartet von der wahren Liebe also Langmut, Freundlichkeit, nicht gereizt zu werden, alles ertragend in der Hoffnung, daß das Liebeswerben doch zuletzt mit Erfolg gekrönt wird. Gott sah die falsche Willensentscheidung, die Chaos und Verderben in die Welt brachte, lange voraus, und als es dann so weit war, brauste er nicht auf und vernichtete alles auf der Stelle, wie viele es erwartet hätten, die selber so handeln, wenn ihnen etwas Ungehöriges oder Unrechtes zustößt. Er versuchte vielmehr, durch seine liebevolle Geduld zu retten, was er aus dem furchtbaren Verderben retten konnte. Er hatte in Treue und mit großem Ernst Menschen und Engel vor den Folgen einer falschen Entscheidung gewarnt, aber er versperrte sich natürlich nicht selbst den Weg zu unseren Herzen, indem er versuchte, uns zurückzuzwingen. Dies hätte bedeutet, daß die Möglichkeit zu echter Liebe für immer ausgeschaltet worden wäre. Er versuchte stets in Langmut und Geduld, uns wieder zur Liebe und zur Vernunft zu bringen. Dieser Versuch erreichte seinen Höhepunkt, als er seinen Sohn sandte, *der freiwillig sein Leben für uns alle opferte.* Denn der Sohn ging freiwillig und aus eigener Entscheidung in den Tod. Er versuchte nicht einmal, sich zu verteidigen, sondern kam, wie er selbst sagte, um für die Sünde vieler zu sterben.

Jetzt wartet er und wirbt um uns in der Hoffnung, daß alle Menschen zur Erkenntnis der Wahrheit kommen: »Welcher will, daß allen Menschen geholfen werde und sie zur Erkenntnis der Wahrheit kommen« (1. Tim. 2,4). »Der Herr verzögert nicht die Verheißung, wie es etliche für eine Verzögerung achten, sondern er hat Geduld mit euch und will nicht, daß jemand verloren werde, sondern daß sich jedermann zur Buße kehre« (2. Petr. 3,9). Das ist so gemeint, wie es dasteht, und schließt nicht notwendigerweise ein, daß sich tatsächlich alle Menschen zur Buße kehren werden. Gott aber ist bereit und willens, alle anzunehmen, die sich von ihren eigenen Wegen abwenden und sich zu ihm bekehren.

Daß Gott, bevor er die Übeltäter richtet, so lange wartet, nachdem sie das Werk seiner Hände ins Verderben stürzten, ist ein weiteres Zeichen seines wahren Charakters. Es beweist, daß er ein Gott der Liebe ist, voll liebender Freundlichkeit, Geduld und Langmut, der sich nicht leicht erbittern läßt. Das ist die einzige Erklärung, die ich für die Tatsache geben kann, daß ein allmächtiger, allwissender und gerechter Gott nicht schon lange sein vernichtendes Urteil über alle Sünder, das heißt über alle Menschen (denn wir gehören alle in diese Kategorie »Sünder«, wenn wir gegen uns selbst und unsere Mitmenschen ehrlich sind) gesprochen hat, und einen *»Marionettenstaat«* auf Erden und im Himmel errichtete, der seinen Willen sofort in absolutem Gehorsam ausführt, so wie es jeder rechte Tyrann oder Diktator machen würde, wenn sich die Menschheit seinem Willen so widersetzt wie dem Willen Gottes. (Jedem, der daran zweifelt, ob man sich Gottes Willen widersetzen kann, entweder in unserem eigenen Leben oder im Leben der anderen, kann man dies folgendermaßen klarmachen:

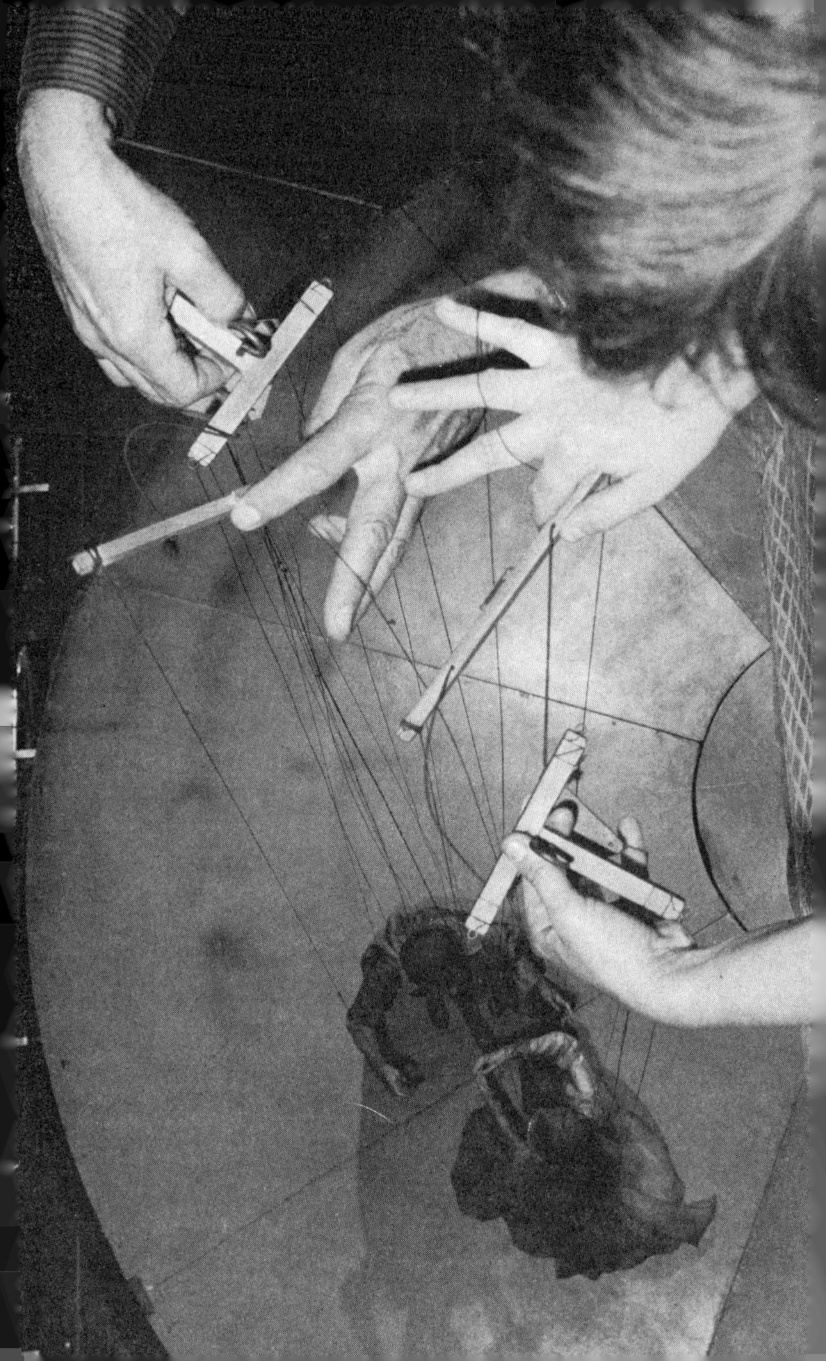

Frage dich selbst, ob Gott eine gewisse sadistische Tat plante, die uns bekannt ist und von der du vielleicht mit betroffen wurdest. War es Gottes Wille, kaltblütig und auf scheußliche Weise sechs oder sieben Millionen Juden zu vergasen, darunter Frauen, Kinder und Greise? Zu behaupten, dies sei irgend etwas anderes als Widerstreben gegen den Willen Gottes, hieße die Scheußlichkeit dieser Sünde herabzumindern. Dasselbe kann man von der Anwendung der Atomwaffen auf wehrlose Städte mit all den schrecklichen Folgen behaupten.) Aber es wäre vielleicht noch mehr gegen Gottes Willen, wenn er einen »Marionettenstaat« aufrichten sollte, was bedeutete, daß er seinen Willen durch Zwang durchsetzen würde. Damit würde er auch das geringe Maß an Liebe, dessen wir durch seine Geduld noch fähig sind, ausschalten und unmöglich machen. Selbst die geringe Liebe und die wenigen, die sich zu ihm bekehren, wodurch sie durch seine Liebe erquickt und neugemacht werden, ist unendlich mehr wert als überhaupt keine solche Möglichkeit.

Wenn der Herr sofort Gericht gehalten hätte, wären viele, die sich inzwischen bußfertig zu ihm gekehrt haben, für ihn und sein Reich verlorengegangen.

Von dem verstorbenen König Georg VI. und seiner Gemahlin, Königin Elisabeth, wird folgende Geschichte erzählt. Ich kann nicht für ihre Glaubwürdigkeit garantieren, lege sie aber auf eine solche Weise dar, daß der Punkt, den ich erörtern will, klar hervortritt.

Als junger Mann verliebte sich der spätere König von England in die hübsche Elisabeth von Schottland. Bald darauf ging er zu ihr und hielt um ihre Hand an. Aber sie wies ihn ab. Man sagt, daß der Prinz nicht der Mann war, der auf Frauen besondere Anziehung ausübte; er war in seinen Redewendungen und in seinem Auftreten wohl ein wenig ungeschickt.

Der junge Prinz Georg war zutiefst betrübt über diese Abweisung und ging zu seiner Mutter, der Königin Mary, um sich bei ihr einen Rat zu holen. Königin Mary hörte sich seine Geschichte voller Mitgefühl an, und als er fertig war, sagte sie, sie wolle ihm nur die eine Frage stellen, ob er Elisabeth wirklich liebe, oder ob eine andere ihm auch genügen würde. Nach kurzem Überlegen entgegnete der junge Prinz, daß er Elisabeth heiraten wolle und sonst niemand auf der ganzen Welt. Die Mutter antwortete darauf: »Dann gibt es für dich nur eins. Gehe wieder zu ihr hin und frage sie noch einmal!«

Also überwand der junge Prinz seinen Stolz, nahm allen Mut zusammen, den er noch hatte, und fragte die reizende junge Schottin noch einmal. Aber er erhielt wieder einen Korb. Nachdem er sich etwas von diesem Schock erholt hatte, fragte er seine Mutter nochmals um Rat, und sie hörte wiederum geduldig zu. Sie brachte ihm ihr ganzes Mitgefühl entgegen und fragte nochmals, ob er sie auch nach dieser zweiten Abweisung wirklich liebe. Es war ihm aber ganz klar, daß er nur sie unter all den zur Wahl stehenden Damen begehre und liebe. »In diesem Fall«, sagte die Mutter, »gibt es für dich nur eins. Gehe wieder zu ihr hin und frage sie noch einmal!« Nach einiger Zeit der Vorbereitung ging der junge Prinz also zum drittenmal zu der hübschen jungen Schottin. Sie merkte natürlich, wie ernst es der Prinz meinte, wie beständig seine Liebe war und daß sie sein ein und alles war. Und noch etwas merkte sie. Sie begann zu spüren, daß seine Liebe in ihrem Herzen eine Gegenliebe entfacht hatte, und die Glut dieser Liebe fing an, etwas von seiner Liebe zurückzustrahlen. Daher konnte sie sagen, daß sie ihn liebe und seine Frau werden wolle. Damit, so heißt es, begann ein sehr glückliches Familienleben, das bis zum Tode des Königs währte.

Liebe erzeugt Gegenliebe, aber oft muß sie sehr geduldig, langmütig und freundlich sein, bis das Feuer im Herzen des zukünftigen Partners entfacht ist. Und wenn es einmal entfacht ist, muß es regelmäßig unterhalten werden, damit die Liebesglut so erhalten bleibt, wie Gott sie beabsichtigt, nämlich, daß beide Liebenden so erwärmt und erfrischt werden, daß sie sich des Glückes freuen können, welches wahre Liebe mit sich bringt.

Natürlich kommt bei jeder Liebe einmal eine Zeit, wo man dem werbenden Teil eine endgültige Antwort geben muß, die »ja« oder »nein« lauten kann. Eines Tages mag der umworbene Teil die Liebe zurückweisen und eine endgültige Absage geben. Aber nicht nur der Umworbene kann sich freiwillig für oder gegen den Werbenden entscheiden. Auch der werbende Teil kann auf dieselbe Weise seinerseits entscheiden, wie lange er um Liebe werben und Absagen ertragen will. Sogar diese letzte Entscheidung, sich nicht mehr um die Liebe des anderen zu bemühen, wird in Liebe gefällt werden und, so lange wie überhaupt möglich, hinausgeschoben werden. *Wenn jedoch die Umworbene etwa einen anderen heiratet, ist die Frage nach jedem weiteren Werben entschieden.* Die Schrift sagt, daß dies im geistlichen Sinn auch eintreten kann, wenn sich der Geist Gottes nicht mehr um den Geist eines Menschen bemüht. Wir Menschen können dies nur selten beobachten, daß Gottes

Geist einen Menschen aufgibt und nicht mehr um ihn wirbt. Aber daß so etwas vorkommt, ist Tatsache, wenn es auch dem Auge des Sterblichen verborgen ist. Gott wirbt um uns als der vollendete Freier. Jesus ist der Freund unserer Seelen, unser wahrer Herzensfreund; aber es kommt ein Zeitpunkt, an dem wir endgültig »einen andern heiraten« können und uns vom Werben des Heiligen Geistes ausschließen. Wir mögen unser Herz materiellen Dingen zuwenden, wir mögen uns gesellschaftlichen und sündhaften Dingen zuwenden und es nicht zulassen, daß jemand uns deshalb tadelt. Damit wenden wir uns ganz von ihm ab. *Dann sind die Tage des Liebeswerbens vorbei.* Der Hebräerbrief spricht an mehreren Stellen vom Ende dieser Tage, z. B. in Kapitel 3,11; 6,4–6; 10,26–30. Die Endgültigkeit solcher Tage bietet uns wahrlich ein düsteres Bild und soll uns als ernsthafte Warnung dienen, falls wir irgendeine Neigung verspüren, über das Handeln Gottes mit uns leicht hinwegzugehen.

5. Schlußfolgerung

Nach einer kurzen Betrachtung über das Wesen des Chaos und des Bösen und nach einer Betrachtung über das Wesen Gottes, wie er sich in der Schrift offenbart (wobei nicht versucht wird, der Theologie nachzueifern, sondern vielmehr die Gedanken eines Laien zum Ausdruck gebracht werden in der Sprache, die ein Laie versteht), scheint es nicht intellektuell unhaltbar zu sein, an einen vollkommenen, allmächtigen Gott zu glauben, dessen Wesen vollkommene Liebe ist. Wenn Gott tatsächlich Liebe ist und wenn er sich als vollkommener Mensch in Christus offenbart hat (was Christus unmißverständlich sagt), sollten wir bestimmt den jetzigen Zustand der Welt so erwarten, wie er ist, bis Gott alle diejenigen aus dem Verderben herausgerettet hat, die sich retten lassen, alle, die Buße tun und sich zu ihm bekehren wollen, wodurch sie die Vergebung ihrer Sünden empfangen und *zum Frieden kommen, der »höher ist als alle Vernunft«.*

Wenn jedoch das Rettungswerk so weit wie möglich vollendet ist, und alle diejenigen, die Gott aus dem alten, zerbombten Wrack herausretten kann, in Sicherheit gebracht worden sind (so ist die Mahnung des Apostels Petrus gemeint: »Lasset euch erretten aus diesem verkehrten Geschlecht« (Apg. 2,40), dann wird Gott, wie er es versprochen hat, den ganzen Dom, das ganze Werk seiner Schöpfung erneuern und es sogar noch besser machen, als es zu Adams Zeit und vorher war. Er wird eine neue Erde und einen neuen Himmel erschaffen, wo die Gerechtigkeit herrschen wird. Man kann doch kaum glauben, daß er seine eigene Schöpfung immer im Chaos ließe, nicht wahr? Er hat verheißen, daß er dies nicht tun

PEACE

wird. Gott sagt in seinem Wort, daß alle in dieser neuen Schöpfung mitregieren werden, die durch Buße erneuert und geläutert und durch die Liebe seines Geistes erwärmt und gereinigt worden sind und deshalb den gegenwärtigen, üblen Zustand der Welt nicht mehr lieben. Welche Weisheit darin liegt, solche Menschen an der Herrschaft über dieses vollkommene Reich teilhaben zu lassen, kann man ziemlich leicht einsehen. Sie haben schon einmal geschmeckt, wie bitter es ist, eine falsche Entscheidung getroffen und sich von dem einzigen Gott abgewendet zu haben. Daher ist es unwahrscheinlich, daß sie nochmals denselben Fehler machen und wieder Leid in die Welt bringen. Man sagt, daß ein gebranntes Kind das Feuer scheut. So scheut auch der errettete Sünder die Sünde. Mit diesen erretteten Menschen wird Gott sein neues Reich bevölkern. Gegenwärtig wirbt er noch um solche Menschen, auch jetzt in diesem Augenblick.

Über die neue Schöpfung wird der Eine herrschen, der sich als der Geeignete für ein solch hohes Amt erwiesen hat. Könnte es einen besseren Beweis für seine Eignung zum Herrscher geben als die Tatsache, daß er seine Untertanen so sehr liebt, daß er bereit war, für sie zu sterben? Die meisten Herrscher verlangen von ihren Untertanen, daß sie ihre Treue durch ihre Bereitschaft zeigen, für ihren Herrscher zu sterben. Bei Christus ist es gerade umgekehrt. Er starb aus eigenem, freiem Willen, damit seine Untertanen leben können. Gewiß wird ein solches Reich gut regiert und verwaltet werden. Gewiß werden seine Untertanen glücklich sein. »Er hat uns kundgetan das Geheimnis seines Willens, nach seinem Wohlgefallen, das er sich vorgesetzt hat in sich selbst für die Verwaltung der Fülle der Zeiten: alles unter ein Haupt zusammenzubringen in dem Christus; das, was in dem

Himmel und das, was auf der Erde ist« (Eph 1,9.10, Elberf. Übers.). Die Verwaltung der Fülle der Zeiten bezieht sich natürlich auf die Herrschaft des verheißenen Gottesreiches. Alles in diesem Reich wird in Christus zusammengefaßt. Das Teilhaben des Menschen an dem kommenden Gottesreich beginnt schon hier und jetzt, indem er sich aus dem gegenwärtigen Verderben dadurch herausretten läßt, daß er sein Vertrauen auf Jesus Christus setzt, der ihn für immer von seinen Sünden erlöst hat. »Und ich sah einen neuen Himmel und eine neue Erde; denn der erste Himmel und die erste Erde verging, und das Meer ist nicht mehr. Und ich, Johannes, sah die heilige Stadt, das neue Jerusalem, von Gott aus dem Himmel herabfahren, bereitet als eine geschmückte Braut ihrem Mann. Und hörte eine große Stimme von dem Stuhl, die sprach: Siehe da, die Hütte Gottes bei den Menschen! Und er wird bei ihnen wohnen, und sie werden sein Volk sein, und er selbst, Gott mit ihnen, wird ihr Gott sein; und Gott wird abwischen alle Tränen von ihren Augen, und der Tod wird nicht mehr sein, noch Leid noch Geschrei noch Schmerz wird mehr sein; denn das Erste ist vergangen« (Offb. 21,1–4).

Missionarische Reihe der TELOS-Sondertaschenbücher:

S 700 Anton Schulte
Lohnt es sich zu leben?

S 702 Gerhard Bergmann
Was habe ich vom Glauben?

S 703 Leighton Ford
Wo finde ich Gott?

S 704 Anton Schulte
Das habe ich mit Gott erlebt

S 705 Norman Warren
Wissen Sie, was Leben ist?

S 706 A. E. Wilder Smith
Warum läßt Gott es zu?

S 707 Bernd Wetzel
Fußball – unser Leben!

S 708 Anton Schulte
Gewißheit macht froh

S 709 Martin Homann
Es läuft das Rennen, das man Leben nennt

S 710 Gerhard Bergmann
Etwas Festes muß der Mensch haben

S 711 Gerhard Bergmann
Leben – aber wie?

S 762 Kinderbuch-Kassette

Weitere TELOS-Sondertaschenbücher:

S 802 Gerhard Bergmann
Was kommt auf uns zu?

S 804 Richard Kriese
Jeder nach seiner Fasson?

S 805 Klaus Vollmer
Es müßte keiner einsam sein

S 806 Gerhard Bergmann
Grundfragen des Lebens

S 807 Anton Schulte
Christsein – die große Chance

S 808 Paul Deitenbeck
Gott ist pro

S 809 Gerhard Bergmann
Liebe – so und anders

S 811 A. E. Wilder Smith
Die Demission des wissenschaftlichen Materialismus

S 812 John Bunyan
Der unfruchtbare Feigenbaum

S 813 Gerhard Bergmann
Brauchen wir Jesus Christus?

S 814 L. A. T. Van Dooren
Strebe vorwärts

S 816 Michael Green
Ich bin kein religiöser Typ

S 817 Luis Palau
Was soll ich für dich tun?

S 818 Michael Green
Es komme mir keiner mit Tatsachen

S 819 Ortwin Schweitzer
Beweise mir Gott!

S 820 Paul Little
Ich weiß, warum ich glaube

S 821 Ernst Modersohn
Aus meiner Hausapotheke

TELOS-Taschenbücher:

5001 Festo Kivengere
Ich liebe Idi Amin

5002 Hans Brandenburg
In die Entscheidung gestellt

5003 Jeanne Scheresky
Diagnose: Krebs

5004 Siegfried Buchholz
Lebensziele für Morgen

5005 Martin Homann
Kann denn Liebe Sünde sein?

5006 O. S. von Bibra
Wirksames Beten

5007 Morrow C. Graham
Man nennt mich Mutter Graham

5008 Eduard Ostermann
Das Glaubensbekenntnis der Evolution

5009 Theodor Ellinger
Planung und Entscheidung

5010 Siegfried Kettling
„und der sagte ja“

5011 Mino Loman
Der Terror-Express

5013 Wolfgang Dyck
Der große Auftrag

5014 Dr. Hans Schönweiß
Biblische Grundbegriffe – neu gehört

5016 Hermann Gschwandtner
Christus für jeden

5017 Hermann Gschwandtner
Leben als Christ, Bd. 1

5018 Hermann Gschwandtner
Leben als Christ, Bd. 2

5019 Hermann Gschwandtner
Die Welt verändern